DU PRINCIPE D'AUTORITÉ

ET DU

PARLEMENTARISME

PAR

M. ÉVARISTE BAVOUX

CONSEILLER D'ÉTAT

PARIS

E. DENTU, LIBRAIRE-ÉDITEUR

PALAIS-ROYAL, 17 ET 19, GALERIE D'ORLÉANS

1869

Tous droits réservés

DU PRINCIPE D'AUTORITÉ

ET DU

PARLEMENTARISME

§ Ier.

Où sommes-nous ? Où allons-nous ?

Rien n'est plus bizarre et plus inexplicable que la situation actuelle :

L'Empereur, dans son ultra-libéralisme, ouvre l'ère des libertés que personne, parmi ses amis, ne lui demandait, auxquelles personne ne pensait.

Le premier effet de ces libertés, c'est d'armer contre lui tous ses adversaires... *furor arma ministrat.*—Les élections arrivent.—L'arène électorale devient une arène de combat. — La cause du Gouvernement y triomphe. Pourtant l'opposition y fait des recrues violentes, et la majorité elle-même, frappée du souffle parlementaire, va à la dérive des interpellations inconstitutionnelles. Au premier mot de ce conseiller perfide qui s'appelle le parlementarisme, le désordre est au camp des Croisés, et les voilà entraînés à certaines infidélités constitutionnelles pour une foi nouvelle : constitutionnellement chrétiens, ils sont poussés aux faux dieux du parlementarisme, ou, autrement dit, sectaires iconoclastes, au culte d'eux-mêmes : la terre sainte pour le parlementarisme, c'est le Palais-Bourbon.

Chose étrange ! Le Gouvernement, bien différent de tous ses prédécesseurs, tient à garder la tête du mouvement libéral, et confondant, selon moi, avec le libéralisme vrai les prétentions parlementaires, il leur cède et propose le sénatus-consulte du 8 septembre 1869.

Mais, chose plus étrange encore, ou plutôt plus flagrante, cette concession nouvelle devient le signal d'une nouvelle guerre à outrance contre le pouvoir exécutif. Fureurs, vociférations, menaces, accusations, tout est mis en œuvre contre lui : il est déclaré félon à la Constitution, lui qui en a consenti et proposé la modification.

Fier Sicambre, résolu à ne pas brûler ce que nous avons adoré, nous demandons la permission d'examiner consciencieusement cette Constitution de 1852, si étrangement attaquée aujourd'hui.

Non pas que nous nous endormions dans les délices de Capoue, mollement abrités sous une Constitution capitonnée contre les bruits et les progrès extérieurs. Non. Nous n'avons pas à ce point les oreilles hermétiquement enduites de cire contre le chant des sirènes de l'opposition. Nous savons, au contraire, que notre pacte fondamental « n'a fixé que ce qu'il était impossible de laisser incertain avec *une large voie aux améliorations*. » C'est un de ses titres d'honneur à la confiance nationale.

. Mais sans nous croire enfermés inexorablement dans le cercle de Popilius, nous pouvons et nous devons laisser « aux changements une assez large voie pour qu'il y ait, dans les grandes crises, d'autres moyens de salut que l'expédient désastreux des révolutions. » Nous ne voulons assurément pas, nouveaux Épiménides, nous exposer, par un sommeil léthargique, à être réveillés par elles en sursaut. Changeons donc, améliorons nos institutions sans hésitation, sans relâche, au gré des nécessités, des convenances sociales. Rien de mieux.

Mais l'expérience, dont les sages conseils ont été pris en si judicieuse considération pour la confection de « cette œuvre du temps, » conserve ses enseignements. Or elle nous démontre aujourd'hui, comme alors, les abus du système extra-représentatif dont les apparences, par une sorte de mirage, peuvent séduire les esprits superficiels, mais dont les écueils ont été si sagement signalés par l'auguste auteur du régime nouveau.

Dans son préambule, il disait :

« Le Corps législatif discute librement la loi, l'adopte ou la repousse, « mais il n'y introduit pas à l'improviste *de ces amendements qui dé-* « *rangent souvent toute l'économie d'un système et l'ensemble du* « *projet primitif*. A plus forte raison n'a-t-il pas *cette initiative par-* « *lementaire qui était la source de si graves abus, et qui permettait à* « *chaque député de se substituer à tout propos au Gouvernement, en* « *présentant les projets les moins étudiés, les moins approfondis.*

« La Chambre n'étant plus en présence des ministres, et les projets « de loi étant soutenus par les orateurs du conseil d'État, *le temps ne* « *se perd pas en vaines interpellations, en accusations frivoles, en* « *luttes passionnées dont l'unique but était de renverser les ministres* « *pour les remplacer.*

« Ainsi donc, les délibérations du Corps législatif seront indépen- « dantes ; mais *les causes d'agitations stériles* auront été supprimées, « des lenteurs salutaires apportées à toute modification de la loi. Les « mandataires de la nation feront sérieusement les choses sérieuses. »

Ces excès parlementaires à la complicité desquels ma jeunesse n'a que trop payé son tribut, *quorum pars parva fui*, ont à ce point frappé ma conscience lors de la chute du gouvernement le plus magnifiquement parlementaire, que, guéri du parlementarisme, je me suis dévoué sans réserve au principe d'autorité, si glorieusement et si modérément personnifié dans l'élu du 10 décembre.

Sa Constitution est encore pour moi ce qu'elle a été, sauf les modifications nécessaires, dès son origine, ratifiée par la volonté nationale. Susceptible d'améliorations, à distance des périls que, dès sa naissance, elle a si bravement conjurés, elle a pour elle un glorieux passé de pacification sociale, de services, de bienfaits.

§ II.

Constitution de 1852.— Ses mérites. — Ses défauts.— Son perfectionnement.

L'oubli des bienfaits n'est pas seulement un tort moral ; c'est une faute politique. Les nations ingrates, comme l'étaient particulièrement les démocraties de l'ancienne Grèce et de Rome, condamnant capricieusement leurs grands hommes, Miltiade, Aristide, Thémistocle, Périclès, Cimon, Alcibiade à Athènes, Coriolan, Camille à Rome, ne laissent pas seulement un triste enseignement dans l'histoire ; elles ruinent elles-mêmes leurs institutions.

C'est qu'il y a en effet une loi suprême qui gouverne les hommes, dans la vie privée comme dans la vie publique. Cette loi, c'est la mémoire du bien et l'horreur du mal. Or, après les cruelles épreuves par lesquelles notre pays est passé depuis près d'un siècle, après celles de 1848, je crois n'être que juste en proclamant la sagesse, la raison d'un gouvernement réparateur qui a cicatrisé les plaies, réparé les désastres, rétabli la confiance, l'autorité, relevé l'honneur de la France.

Et voilà qu'après 20 ans à peine d'un système glorieux et fécond, de vagues clameurs s'élèvent, de sottes prétentions s'agitent pour changer tout cela, pour y substituer, dit-on, le gouvernement du pays par le pays ! Le gouvernement du pays par le pays, mais ce n'est pas nouveau, ce système-là en France ; mais le pays s'est gouverné lui-même, et assez mal gouverné, jusqu'au 10 décembre 1848. Non-seulement il s'est gouverné, mais il s'est perdu lui-même ; et pour être juste, il faut reconnaître que, malgré les consultations et la pression de ses docteurs souverains de cette époque, il s'est sauvé lui-même en devinant, en choisissant, en acclamant le chef de son choix, l'élu de son instinct populaire.

Oh ! assurément la grande nation consultée, abandonnée à ses sentiments généreux, se montrera toujours digne de sa dénomination : la grande Nation ! Mais il ne s'agit pas ici de ses nobles élans, il s'agit de sa vie quotidienne, de son gouvernement, de l'art si difficile de gouverner les hommes, problème à l'étude depuis tant de siècles et dont le secret, depuis si longtemps sondé par tant de grands et immortels esprits, semble aujourd'hui encore insoluble.

C'est à ce point de vue que nos convictions saluaient la Constitution de 1852 comme la plus heureuse innovation des temps modernes, et les attaques dont elle est l'objet comme un témoignage éclatant d'ingratitude.

Non pas assurément qu'elle soit parfaite et définitive. Personne n'a dit cela pour elle. Mais ce qui est incontestable à nos yeux, c'est qu'elle était merveilleusement empreinte des nécessités de son époque et se prête admirablement aux modifications utiles et prudentes. Elle a rétabli le principe d'autorité avec autant de modération que de précision et de mesure.

Elle avait surtout supprimé, avec un grand bonheur, ce redoutable antagonisme entre le pouvoir parlementaire et le pouvoir exécutif, à l'aide d'un rouage constitutionnel, nouveau, simple, puissant, élastique et pourtant inébranlable : le conseil d'État, organe du Gouvernement, le représentant devant les Assemblées législatives.

Le pouvoir exécutif, trouvant dans le conseil d'État des interprètes nombreux de sa pensée, renouvelait sans désavantage des discussions qui ne pouvaient jamais dégénérer en luttes de personnes ou en compétition de portefeuilles. Un des commissaires du Gouvernement n'avait-il pas très-bien réussi dans telle ou telle question, les rangs se serraient, et un autre paraissait sur la brèche. *Uno avulso non deficit alter.* Mécanisme ingénieux qui satisfaisait à toutes les nécessités du débat, sans jamais compromettre le Gouvernement corps à corps dans l'arène ardente des passions parlementaires.

Ce qui a manqué à cette partie de la Constitution, ç'a été dès l'origine de n'être jamais appliquée. Elle ne l'a jamais été, du moins dans sa véritable acception. Des rivalités regrettables, des résistances fâcheuses paralysèrent dans les mains même des ministres cette arme précieuse dont leur faux amour-propre affaiblit et énerva la force, avant même de s'en servir, et tout fut perdu.

Un autre motif compromit la Constitution, ce fut la pusillanimité du contrôle, organisé pourtant par elle avec loyauté. Les garanties légales existaient. Ceux-là seuls faisaient défaut, qui pouvaient, usant de leurs attributions avec indépendance, prémunir le Gouvernement contre lui-même. Sénateurs, députés, conseillers d'Etat, à vous la responsabilité de votre réserve passée ! Avec plus de fermeté, vous assuriez l'exercice de la Constitution et vous la préserviez des atteintes que lui ont portées des fautes qu'il était en votre pouvoir et dans votre devoir de prévenir.

Il serait donc injuste de reporter sur l'instrument le tort des ouvriers L'instrument était excellent. Le mécanisme en a été faussé par ceux-là même qui en avaient la garde.

Quant à moi, je n'ai pas attendu ce jour pour en dire ma pensée en toute occasion, en présence même du plus auguste auditoire. C'est qu'à mes yeux le vrai dévouement, c'est, sinon l'indépendance, vertu facile avec un prince éclairé et bon, du moins la franchise, qualité moins prétentieuse, mais non moins utile.

Non que j'aspire ni au rôle prophétique de Cassandre, ni à une remontrance quelconque vis-à-vis d'hommes et de collègues considérables et justement considérés. Mais ma foi dans la Constitution de 1852 reposait sur sa fidèle application ; et il a toujours été certain pour moi que le gouvernement personnel, isolé du contrôle très-judicieusement organisé autour de lui, était, à l'instant même, menacé et détruit.

Ma conviction à cet égard est à ce point inébranlable, qu'au milieu des décombres même dont nous sommes aujourd'hui environnés, je demeure assuré qu'au lieu de cette résurrection formidable du fantôme parlementaire, il y avait tout simplement lieu de modifier et de perfectionner la Constitution en ce seul point : les garanties plus sérieuses d'un contrôle plus efficace.

§ III.

Réformes parlementaires. — Méprise. — Dangers. — Parlementarisme ; anarchie ; chaos ; anti-libéralisme. — Liberté de la tribune, des réunions, de la presse.

Du contrôle sérieux, nécessaire, aux réformes parlementaires la distance est immense et devrait être, selon moi, infranchissable. Confondre l'un avec l'autre, c'est confondre la lumière avec l'ombre, l'affirmation de la liberté avec sa négation. La liberté est le patrimoine de tous, le parlementarisme la proie de quelques-uns, ennemis de la liberté. Le signe distinctif du parlementarisme, c'est le monopole de la domination entre les mains des fractions, des factions parlementaires. Avec lui, s'organisent-elles pour l'exercice de la liberté ? Elles s'organisent jalouses, exclusives, pour l'exercice du pouvoir. L'ambition est leur unique mobile, l'amour-propre leur seul conseiller. Comme la tribune est leur théâtre, les premiers sujets s'en emparent avec audace ; les comparses prennent pour coulisses les couloirs, la salle des conférences, les bureaux où se forment les intrigues, les complots. Là, les haines, les rancunes, les convoitises, les brigues ténébreuses ; là, les marchés honteux pour la conscience, cachés, bien entendu, sous le voile de l'intérêt public, sous l'apparence des convictions politiques. Et puis, de toutes ces sombres machinations sortent les compositions de ministères : stratégies savantes avec escarmouches et ballons jetés en l'air pour éclairer la marche, à l'aide de telle ou telle combinaison.

« On parle beaucoup de modifications ministérielles.....

« On parle d'un nouveau cabinet formé de M. ***, président du con-
« seil, ayant pour collègues (comme simples ministres, et ceux-là sont
« déjà modestes), MM. ***, celui-ci à la justice ; celui-là aux relations
« extérieures, etc., etc. Dans cette combinaison, le siége de procureur
« général, le poste de préfet de la Seine, de préfet de police, seraient
« destinés à MM. ***. »

Et tous les jours ainsi. Heureuse ère de la liberté ! Le pays cherchant tous les matins avec anxiété, dans les innombrables journaux, les chances ministérielles des innombrables candidats à d'innombrables fonctions ! Y a-t-il rien de plus glorieux pour la France, et de plus satisfaisant pour ses intérêts les plus chers ?

Tel est le tableau, selon nous fidèle, du système parlementaire que nous avons tous vu autrefois, chez nous, en France, où l'esprit léger, mobile, frondeur , s'amuse du changement comme d'une nouveauté, des culbutes ministérielles, comme ce citoyen d'Athènes inscrivant sur sa coquille l'ostracisme d'Aristide dont la réputation l'ennuyait. Distraction familière aux Athéniens modernes que la stabilité ennuie.

Telle est l'essence du parlementarisme : non-seulement le gouvernement du pays par le pays entraîne pour conséquence forcée le choix des hommes investis du commandement, mais encore il nécessite la préférence de l'un sur l'autre, avec l'ardeur qui naît de la compétition personnelle : le voisin hait un rival, non pas pour une dissidence ou une nuance d'opinion, mais par querelle de boutique, par rivalité de métier. Et puis la guerre éclate ardente, impitoyable, cherchant, bien entendu , à cacher toutes ces misères sous des phrases sonores , sous des théories plus ou moins transparentes qui disparaissent comme des ombres le lendemain du jour où l'orateur théoricien reparaît à son banc, un portefeuille sous le bras. Telle est même la puissance dévorante de cet acide corrosif qu'il atteint et infecte les plus grands esprits.

Toute cette agitation, où l'éloquence a plus de part que la liberté, produit le chaos, l'anarchie, l'inaction des affaires, l'abandon de la liberté pratique. L'économie financière y a-t-elle au moins trouvé son compte ? Jamais. Pas un centime n'a été épargné au budget par le système parlementaire ; et la raison en est bien simple. Si le pouvoir législatif est bien placé pour combattre les dépenses du pouvoir exécutif, lui-même il est composé de députés ; or, chaque député, pour augmenter son influence locale, a intérêt à obtenir des chemins de fer, des subventions, des canaux, des routes, des écoles, des presbytères, des travaux, des dépenses pour son département. De là une course au clocher, un steeple-chase sur le budget, qui n'a jamais eu de plus lourds découverts que sous les règnes parlementaires.

Déceptions nouvelles, désenchantement nouveau à mettre au passif de ce parlementarisme si fier dans ses allures, mais en réalité fanfaron, à la voix de stentor, qui fait beaucoup de bruit, sans faire beaucoup de besogne, et sème autour de lui l'hésitation, l'incertitude, le scepticisme, le malaise, l'anarchie, la paralysie des affaires intérieures, l'impuissance de la diplomatie au dehors.

La liberté de la tribune est bonne et nécessaire, comme contrôle législatif du pouvoir exécutif, et c'est là que la Constitution de 1852 avait très-sagement, selon nous, tracé les limites législatives, à la condition que le pouvoir législatif en usât avec fermeté. C'était son droit et son devoir. Mais là aussi sont les confins de son autorité :

> Est modus in rebus. Sunt certi denique fines,
> Quos ultrà citràque nequit consistere rectum.

La liberté de la tribune doit être complète, absolue ; c'est le flambeau qui, de ses feux, doit éclairer tous les points de l'horizon, tous les replis du budget, toutes les questions politiques, sociales, oui, tel est notre avis; mais sous la réserve de la liberté gouvernementale. Mandataires du pays, voyez, examinez, pénétrez, critiquez toutes les parties, tous les détails de l'administration ; c'est votre rôle et votre première mission. Donnez vos conseils ; refusez les crédits qui ne vous paraissent pas justifiés. Rien de mieux. Mais n'usurpez pas sur les attributions du Gouvernement. A vous la responsabilité des discussions politiques et des solutions financières, qui en impliquent par elles-mêmes tant d'autres, et donnent au Corps législatif une si légitime influence dans toutes les questions graves. Mais n'allez pas plus loin, sous peine d'une immixtion désastreuse de tous les pouvoirs publics, confondus, mêlés, désorganisés les uns avec les autres.

La liberté des réunions publiques, la liberté de la presse, qui sont comme le corollaire, et, sous certains rapports, comme la contre-partie, le contre-poids de la liberté de la tribune, sont de terribles madriers pour l'établissement des assises sociales. Quand il s'agit d'une conquête de l'homme sur la mer ; quand un port veut prolonger sa jetée à travers les flots furieux, chacun a pu voir ces engins puissants qui, par un levier massif, enfoncent, à d'immenses profondeurs, de gigantesques mâts destinés à défier l'assaut des ondes tumultueuses. La liberté des réunions, la liberté de la presse semblent avoir pris à tâche de remplir cet office : le Gouvernement qu'elles ont ainsi battu en brèche, et affermi, par leurs violentes secousses, sur sa base, plus profondément plongée dans le sol, doit être en effet plus éprouvé qu'aucun autre contre les secousses d'un Océan déchaîné. Car la société sur laquelle repose aujourd'hui l'Empire n'est-elle pas en effet, sans exagération métaphorique, cette mer houleuse et menaçante, sur laquelle navigue, hélas ! avec tant d'efforts, le plus magnifique navire, à toutes voiles, poussé par les vents et la fortune ? Navigation périlleuse et solennelle où l'habileté du nautonnier est sans cesse aux prises avec les hasards de la tempête et protégée par l'assistance divine.

§ IV.

Liberté de la presse. — Son impunité. — Esprit de notre société moderne. — Pourquoi tous ces journaux ? — Evaporation inutile et nuisible de la puissance intellectuelle. — Autrefois hommes de lettres. — Aujourd'hui journalistes. — Chacun pourtant n'est pas homme politique.

Au milieu de cette effroyable tourmente, la presse, semblable au monstre de la Fable,

> L'onde approche, se brise, et vomit à nos yeux,
> Parmi des flots d'écume, un monstre furieux,

ressemble en effet à une meute sauvage, déchaînée sur sa proie. Prenez tous ces journaux et cherchez à vous orienter au milieu de ce vacarme infernal. Et cependant, si l'on doit continuer cette odieuse épreuve de tapage et d'impunité, il faudrait, je crois, la compléter par la diminution du timbre et des mesures fiscales. Non point par l'exemption, car je n'admets pas que l'État doive ses services gratuits à ces vociférations démagogiques et mercantiles, qui s'emparent de la rue et prétendent la gouverner. Mais je ne suis pas éloigné de croire que, par l'abaissement des perceptions fiscales à un taux suffisamment rémunérateur, le nombre de ces feuilles volantes croîtra comme les feuilles des arbres, innombrables et éphémères comme elles ; et leur multiplicité alors multipliera peut-être proportionnellement leur impuissance individuelle.

Certes, s'il est un homme qui ne puisse être suspect au journalisme, c'est moi. Depuis plus de trente ans journaliste, absolument désintéressé, j'ai donné plus d'un gage de sympathie à cette manifestation de la pensée humaine. Mais ne l'ayant jamais comprise que sous sa forme honnête et respectueuse de l'honneur public et privé, ne m'étant jamais permis la moindre personnalité, honorant même des adversaires, où ne les nommant pas, préférant surtout les généralités, les théories, les principes aux personnes ; je sens, je l'avoue, tous mes instincts d'écrivain soulevés et révoltés au contact de ces grossièretés injurieuses qui déshonorent aujourd'hui la presse. Nous assistons à de véritables saturnales, et il est évident qu'au milieu de ce déchaînement de toutes les fureurs et de toutes les passions, la note, même pour les plus accrédités, est montée à un diapason faux et discordant. La mauvaise foi, l'argutie, le parti pris, font flèche de tout bois pour frapper l'opinion publique. Sous peine d'ennuyer et de perdre ses lecteurs, tout journal aujourd'hui est obligé d'élever la voix et de faire chorus avec les organes des diverses oppositions ; le champ des fausses nouvelles, des nouvelles à sensation, des personnalités, des injures, des réclames, des discussions véhémentes, est chaque matin exploré, traqué dans tous ses coins et recoins. Voilà ce que c'est aujourd'hui que la presse ; celle du moins qui fait de la liberté licence. Car heureusement il en est une autre, élevée, impartiale, digne, digne de ses lecteurs et d'elle-même, animée du sentiment de sa mission, du sentiment de la vérité et d'un noble patriotisme, indépendante et libre de ces passions révolutionnaires qui entraînent et subjuguent tant d'âmes généreuses et égarées ; dégagée de ces suggestions funestes qui altèrent et dénaturent le bon sens et la raison.

Mais aussi pourquoi ce besoin des journaux s'est-il ainsi propagé ? Personne assurément ne peut songer de nos jours à modifier en cela l'esprit public. Pourtant il est bien permis de chercher à en analyser philosophiquement les éléments et les effets. Or, il est évident pour moi que cette multiplication de feuilletons, d'articles littéraires ou politiques est plus nuisible qu'utile à la formule de la pensée. Autrefois les hommes de lettres formaient une société laborieuse et honorée. Aujourd'hui les journalistes, quotidiennement, dépensent immensément de travail et de talents, ce n'est pas douteux. Seulement ils épuisent leur mérite à un labeur ingrat et préjudiciable à tous comme à eux-mêmes. Que d'ouvrages perdent les lettres, les sciences, les arts, à cet éparpillement de productions tout au moins stériles ! Évaporation inutile et nuisible de la puissance intellectuelle !

La date de semblables regrets est assez mal choisie, me dira-t-on, à une époque où règne le suffrage universel, dont la presse doit précisément faire l'éducation politique. — Cette objection qui, en effet, saute aux yeux, donne en même temps lieu à un ensemble d'observations, selon moi, très-sérieuses.

Chacun en France fait de la politique ; c'est, à mon sens, un tort.

Même avec le suffrage universel, il est parfaitement faux que tout le monde doive se mêler de politique et lire tant de journaux. On peut très-bien s'occuper de ses affaires, de son état, savoir même lire,

écrire et compter, voter aux élections avec beaucoup de patriotisme et
de raison sans l'opinion de son journal et sans autre notion politique
que celle de la vie commune et du travail quotidien. Cela suffit à la
plupart de nos braves électeurs de la campagne, hommes de bien,
appelés à choisir des hommes de bien, comme eux, plus préparés
qu'eux par leurs travaux personnels à les représenter pour la gestion
de leurs intérêts publics.

Voilà le mécanisme politique dans sa simplicité et dans sa vérité.
Mais « une des vérités effrayantes sur lesquelles Socrate insistait da-
« vantage était que la plus grande des impostures est de prétendre
« gouverner et conduire les hommes sans en avoir le talent. »

C'est ce qu'exprime aussi avec esprit Michel Cervantes, dans une
conversation supposée par lui entre le curé, le barbier et Don Quichotte,
la conduisant de propos en propos sur les affaires publiques et le
Gouvernement. « On s'anima, dit-il ; chacun loua peu, blâma beaucoup;
« corrigea, réforma, proposa du bon et du nouveau. A qui mieux
« mieux, chacun fit le législateur ; Lycurgue, Solon et autres de cette
« trempe ne furent plus que des vieux faiseurs, bien au-dessous de ce
« que l'on pourrait être aujourd'hui, s'il y avait lieu à faire le même
« métier qu'eux. Enfin ils réformèrent tellement le Gouvernement
« actuel, que lorsqu'ils le retirèrent de dessous le marteau, il n'avait
« plus la moindre ressemblance avec celui qu'ils avaient mis sur
« l'enclume. »

Plaisanterie fine du travers qui nous choque de faire ainsi de la politique d'échoppe chez chaque savetier : « *ne sutor ultra crepidam* ».
Avec la spécialité du travail pour chaque citoyen, une société serait
bien organisée : au savetier, son alène ; au poëte, le Parnasse ; au
commerçant, le marché international ; au navigateur, l'Océan et la
boussole des mers ; au cultivateur, la charrue, ce noble instrument du
travail fécond ; au soldat, la défense de la patrie ; à l'écrivain, la renom-
mée littéraire ; à l'homme d'État, le gouvernement des hommes. Voilà
comment une nation sera bien disciplinée, prospère, grande, heureuse.

Un écrivain qui, par sa plume, appartient à une école dont je répudie
l'esprit d'opposition systématique et sardonique, mais dont j'honore le
talent, soulevait une des questions sociales et politiques de la plus
haute gravité : celle de l'éducation politique en Angleterre. « Ce n'est
« certes pas un problème facile à résoudre ; mais jamais un gou-
« vernement ne sera solidement fondé en France, tant qu'il ne l'aura
« pas résolu. Nous le proposons donc aux méditations, non pas des
« théoriciens et des rêveurs, mais des hommes pratiques qui peuvent
« en comprendre l'importance. » (M. Édmond Villetard, *Journal des
Débats*, 25 juillet 1869.) C'est en effet une étude intéressante et digne
d'un esprit élevé ; et nous n'avons, à notre grande joie, qu'à saluer

de nos applaudissements et de notre adhésion la plus convaincue les judicieuses réflexions de M. Villetard sur l'utilité des carrières classées, déterminées pour chacun par les goûts, l'aptitude et la continuité du travail, dans la vie politique comme dans chaque voie civile ou militaire. J'irai même plus loin que lui, et aussi loin que M. Sainte-Beuve, en n'hésitant pas plus aujourd'hui qu'en plusieurs rencontres autrefois, soit dans des discussions, soit par écrit, à gourmander vivement notre Gouvernement de son indifférence non pas « en matière de « religion, » mais en matière « d'école politique ». Car c'est sous ce titre que j'ai déjà plus d'une fois blâmé son dédain des forces intellectuelles du pays. « Les masses sont avec nous », répondait-il sans cesse aux observations qui lui étaient adressées à ce sujet. Et quand on lui répondait qu'à l'Institut, par exemple, ce foyer de l'esprit par excellence, se trouvaient groupées et cantonnées toutes les forces vives de l'opposition ; qu'il fallait s'occuper d'elles, compter avec elles ; qu'en dehors de cette citadelle intellectuelle, c'était pour un Gouvernement, même grand et fort, une mauvaise école politique que la froideur vis-à-vis de ses amis, sans souci de leurs efforts, de leur dévouement, de leur prosélytisme ; c'était une voix dans le désert. Pas un ministre ne vous écoutait ; pas un ne savait ce que vous vouliez lui dire ; pas un ne s'y croyait compétent. C'est ainsi que le point noir a grossi à l'horizon et que des élections dernières un vent s'est élevé qui ressemble à une bourrasque, ravageant nos institutions, nos espérances, notre foi, attaquées, dénaturées, violées par une presse en délire, par des vociférations effrénées.

§ V.

Résumé.

La situation actuelle n'est pas admissible, n'est pas tolérable. Les élections accusaient une certaine tendance à l'émancipation libérale. Qui jamais a dit le contraire ? Est-ce l'Empereur, lui qui, le premier, alors que personne ne le demandait, n'y songeait même, en a pris l'initiative ?

Le mouvement électoral, sous cette impulsion du souverain, a donc manifesté un certain penchant vers certaines réformes, et je crois qu'on y aurait satisfait en développant le contrôle des dépenses budgétaires, qu'à tort ou à raison l'opinion publique croit disproportionnées avec les nécessités du service de l'État.

Ceci est une question de premier ordre, car elle touche au cœur même de la nation, à sa confiance, à des préjugés exploités par la malveillance et l'inimitié des partis. Il était donc, et il est, selon nous, indispensable non-seulement de réduire les dépenses au chiffre absolument exigé par les nécessités du Gouvernement, mais encore de chercher à démontrer, avec plus de soin que jamais, ce souci vigilant des intérêts financiers du pays. Carguons les voiles, oui ; et en même temps continuons, comme l'Empereur nous en a donné l'exemple, à étendre les libertés publiques, les franchises populaires, à examiner ce qui touche au bien-être des masses, les patentes, la prestation, les contributions directes et indirectes, la répartition de l'impôt, la taxe des vins et spiritueux, les octrois, certaines questions municipales, en un mot, tout ce qui peut, de près ou de loin, répondre à un besoin légitime, à une extension réelle de la liberté.

Au lieu de cela, qu'est-il arrivé ? Une Chambre nouvelle, avant de s'occuper même de se constituer, s'est précipitée sur le gouvernement du pays comme sur une conquête, s'occupant d'elle-même, de ses prérogatives, de ses attributions, sans même avoir l'air de penser à ceux qui venaient de la nommer.

Le Gouvernement l'a suivie dans cette voie, ne paraissant pas s'apercevoir qu'à ce régime il éveille des appétits qu'il ne pourra jamais assouvir. Le régime parlementaire, dont toutes les étapes sont marquées dans le passé, a toujours marché d'envahissements en envahissements, d'usurpations en usurpations. C'est la tache d'huile qui s'étend indéfiniment ; c'est la roue d'engrenage qui saisit une des extrémités du pouvoir exécutif, l'attire et l'absorbe tout entier ; c'est l'hydre aux cent têtes qui dévore tout. « C'est un état politique », a dit, je crois, M. Ad. Guéroult, « qui dure ce que dure le feu qu'on a mis à une maison, et « qui s'éteint quand il n'y a plus rien à brûler. »

Le Corps législatif est assurément aujourd'hui pur de ces excès ; mais les traditions ici sont contagieuses et l'entraînement facile à toute assemblée élective, sous la double influence de deux sentiments honorables, mais dangereux dans leur double séduction : l'esprit de corps et l'ambition, pente glissante où le pied trébuche aisément au plus ferme ; sans parler des excitations de l'opposition, toujours habile, toujours aux aguets des moindres fautes, des moindres prétextes, des moindres faux pas.

Aussi voyez ce qui arrive déjà : les passions excitées, déchaînées, ne connaissent plus de frein. Le parlementarisme, affriandé, s'agite et se mutine, soutenu par les irréconciliables, qui saisissent avec ardeur cette arme de combat. A ses débuts, il fait la grosse voix, pose ses conditions, prétend faire la loi à lui tout seul, car une Chambre unique prend bien vite les airs d'une Convention. Et puis, d'ailleurs, même modéré, le premier et le dernier mot du système parlementaire, c'est l'absorption en lui-même du pouvoir exécutif, subordonné, annulé.

Selon la fameuse maxime : le monarque règne et ne gouverne pas, il n'a pas le droit d'avoir une opinion politique sur la marche des affaires ; ni leur direction ni le choix des ministres ne lui appartient que sous l'omnipotence du parlement, et le parlement ici serait le Corps législatif tout seul.

Or, le prince élu par la France entière, investi d'une popularité qui, au milieu du dévergondage dont nous sommes les témoins et les victimes, survit à toutes les attaques, intacte, radieuse, serait exclu du Gouvernement sur lequel se prolongent avec éclat ses rayons. Ce n'est pas possible. Le monarque absorbé, annulé par le parlementarisme, c'est le retour à ce régime flétri dans l'histoire sous la dénomination des rois fainéants et la tutelle des maires du palais que repoussa Charlemagne du haut de son génie et de sa raison.

Si le parlementarisme poursuivait jamais cette chimère, malheur à lui !

§ VI.

Conclusion.

En attendant, nous assistons à un étrange spectacle :

La liberté a deux interprètes éclatants : la tribune et la presse. La tribune en est l'organe officiel ; prémunie contre les abus du parlementarisme, elle a droit à tous les respects, comme elle doit se respecter elle-même.

La presse, qui n'a d'autre mission que celle qu'elle se donne, exerce un mandat qu'elle se délivre, de son autorité privée : flambeau de l'esprit, torche incendiaire de la société, elle est tout à la fois un instrument de civilisation et de progrès, de désordre et de destruction. Mais, en tous cas, elle n'a d'autre autorité morale que celle qu'elle emprunte à l'opinion publique. Il est donc très-naturel et très-légitime qu'on lui demande des garanties sociales, si l'on réfléchit d'ailleurs qu'en dehors de son rôle politique, elle représente des intérêts industriels, mercantiles, semblables à ceux de toutes les professions commerciales.

Elle présente même cette singularité, au point de vue pénal, que le droit commun applicable à tous faits délictueux rencontre dans la presse une résistance, une insurrection permanente ; en effet, les peines qui, selon la loi ordinaire, frappent le coupable, rencontrent dans le journalisme des martyrs volontaires. Leur intérêt, c'est le bruit, l'éclat. Au milieu de toutes ces feuilles, jetées au vent de la curiosité publique, les plus achalandées sont les plus bruyantes : or, le scandale, les poursuites, les condamnations mêmes sont pour elles des réclames et des moyens de spéculation. Eh bien ! malgré ces inconséquences de nature, tant est puissante la popularité du souverain élu, qu'il domine tous ces déchaînements d'une presse désordonnée, la laissant désordonnée, injurieuse, impunie, et semblant la couvrir de son dédain et de sa tolérance, car c'est sa tolérance et sa popularité qui font la confiance et la tranquillité publique.

Sous tout autre gouvernement, ces violences furibondes auraient partout semé l'inquiétude, l'agitation, et provoqué une juste et sévère répression.

Aujourd'hui elles agitent à peine la surface de l'opinion publique. Pourquoi ? Parce qu'au fond la nation a confiance dans le Gouvernement et sait bien que toute cette effervescence n'ira que jusque-là où l'Empereur croira devoir la tolérer. Le jour où il verra l'abus flagrant, intolérable, il arrêtera tout cela, et il trouvera, sans contredit, l'assentiment du pays.

Tant il est vrai qu'en ce moment la tolérance du Gouvernement a pour explication et pour justification sa force, dont personne ne doute, même ceux qui semblent la défier.

Tant il est vrai aussi que le prince, si mal récompensé de son libéralisme et de sa magnanimité par l'ingratitude de ses adversaires, les couvre encore, à leur insu peut-être et malgré eux, de sa sérénité et de ses bienfaits. Puissant et impassible dans ses desseins et dans sa marche, il les protége contre l'application des lois qu'ils ont transgressées ; il leur fait merci.

L'épreuve est curieuse, et la leçon accablante.

Paris, imprimerie Paul Dupont, rue Jean-Jacques-Rousseau, 41 (4062.10.9).

9 782012 962057